NOTICE

SUR

LE T. C. F. ADRIEN DE JÉSUS

MEMBRE DE L'INSTITUT DES FRÈRES DES ÉCOLES CHRÉTIENNES

VISITEUR DE L'ÉGYPTE

(*Extrait de la Circulaire nécrologique du* 5 *mai* 1877, *adressée à toutes les maisons de l'Institut, par le* T.-H. F. IRLIDE, *Supérieur-Général.*)

Notre Institut vient de faire une perte des plus sensibles, dans la personne du très-cher Frère ADRIEN DE JÉSUS, premier Directeur de notre maison d'Alexandrie, et Visiteur de nos établissements de l'Egypte, décédé le 3 mars dernier, à l'âge de plus de 76 ans, dont 55 de religion, et après un séjour de 30 ans dans cette contrée. Grâce aux nombreux documents qui nous ont été adressés, nous pouvons lui consacrer une Notice un peu plus développée que ne le comportent ordinairement les bornes d'une circulaire. Elle ne sera pourtant pas encore proportionnée aux vertus de notre digne Confrère, ni aux services éminents qu'il a rendus pendant sa longue et honorable carrière religieuse.

I

Notre cher Frère Adrien de Jésus, nommé dans le monde Yves Armandet, naquit le 28 février 1801, à Bredon, paroisse du diocèse de Saint-Flour (Cantal). Sorti d'une famille où la foi était héréditaire, il eut le bonheur de passer sa jeunesse dans l'innocence et la piété, admirable préparation pour quelqu'un qui se sent appelé à se consacrer au Seigneur. En effet, à l'âge de 21 ans accomplis, il abandonnait les espérances du siècle, et allait frapper à la porte de notre Noviciat de Clermont, le 21 avril 1822. Il y fut reçu par le Frère Aggée, d'heureuse mémoire, qui l'envoya quelque temps après à Paris, pour y achever son année de probation, sous la conduite du vénéré Frère Marie. Avec un tel maître, le postulant fit de rapides progrès dans la vertu, et devint bientôt un modèle de piété, de modestie et de régularité pour ses condisciples.

II

Son année de noviciat terminée, le Frère Adrien de Jésus fut placé dans notre maison de Saint-Germain-l'Auxerrois, et y débuta dans l'enseignement par la direction des classes inférieures. En 1825, l'obéissance l'envoya à Versailles, maison de Saint-Louis, où il ne tarda pas à être chargé de régenter la première classe. On l'en vit partir avec beaucoup de regret en 1834, quand il fut appelé à Auxerre, pour y faire également la grand'classe, tout en remplissant pendant deux ou trois ans les fonctions de sous-directeur, puis celles de directeur.

Dans ces différents postes, le Frère ADRIEN DE JÉSUS donnait l'exemple d'une foi pratique, d'une conduite pleine de droiture, d'une piété franche, et d'un zèle ardent pour l'éducation de la jeunesse. Fortement déterminé à bien remplir ses devoirs de maître et de religieux, doué d'ailleurs d'un jugement droit, il fut constamment un sujet de consolation pour ses directeurs, et, pour ses confrères, un modèle de soumission et de régularité. Chaque fois que l'obéissance l'appelait à une nouvelle résidence, il emportait les regrets des élèves et de leurs familles.

Placé, en septembre 1837, à la tête de notre maison de Bapaume (Pas-de-Calais), il ne tarda pas à justifier pleinement la confiance de ses supérieurs, en se conciliant l'estime et l'affection du clergé, des magistrats et de la population tout entière. Pendant une période d'environ dix ans, qu'il dirigea l'école de cette ville, il ne cessa de donner des preuves de sagesse, aussi bien que d'un talent remarquable pour la conduite de la jeunesse. Son esprit, son cœur, ses forces et son temps étaient comme concentrés sur ce grand objet de son œuvre. Cependant il fallait à cette âme généreuse un plus vaste champ à cultiver, et des fruits plus abondants de salut à offrir au divin Père de famille. Il en exprima le désir et fut exaucé.

A son départ de Bapaume, la population et le clergé, vivement affligés de la perte qu'ils faisaient, s'empressèrent d'adresser de nombreuses et instantes pétitions pour obtenir de conserver ce digne instituteur de la jeunesse. Mais alors notre Institut avait besoin d'un homme plein de courage, de zèle et de dévouement, pour commencer l'établissement qui nous était offert à Alexandrie, et le vénéré Frère ADRIEN DE JÉSUS fut choisi pour une si laborieuse et délicate mission.

III

Les préparatifs de cette expédition d'un nouveau genre terminés, celui qui devait la mener à bonne fin s'embarqua pour l'Egypte, avec trois autres Frères seulement, au mois d'avril 1847.

Les débuts d'une première installation sont toujours pénibles; mais combien les difficultés étaient autrement grandes ici ! Le nouveau Directeur se trouva immédiatement en rapport avec une population et des élèves dont il ignorait la langue et les usages, et qui, pour la plupart, commençaient à peine à sentir l'influence de la civilisation. Mais Dieu bénit une entreprise qui n'avait que sa gloire pour but; en peu de temps, le zèle patient du Frère ADRIEN DE JÉSUS, sa douceur et son esprit de conciliation, lui eurent bientôt gagné tous les cœurs. Au bout de quelques années, il vit son œuvre prospérer et grandir de jour en jour, surtout depuis qu'elle eut reçu la consécration ordinaire des œuvres divines : la contradiction des hommes. En 1852, après cinq ans de laborieux efforts, l'établissement d'Alexandrie se vit à deux doigts de sa ruine ; tout le monde le croyait ainsi. Mais la Providence veillait à sa conservation : l'autorité ecclésiastique, l'administration locale, la population européenne intervinrent de la manière la plus heureuse. Un vaste local fut mis par les RR. PP. de Terre Sainte à la disposition du cher Frère ADRIEN DE JÉSUS, ce qui lui donna le moyen d'ouvrir un pensionnat pour les enfants des familles aisées. Cet établissement a si bien prospéré, sous sa paternelle influence, qu'i compte aujourd'hui 320 élèves. Dans le principe, il n'y avait, dans la ville, que 2 classes gratuites; actuellement, elles sont au nombre de 8, où plus de 550 enfants reçoivent le bienfait d'une instruction solide et d'une éducation chrétienne. C'est également à son zèle dévoué que nous devons, du moins en grande partie, nos établissements du Caire, de Ramlé, et même l'initiative de celui de Jérusalem, qui a été ouvert l'année dernière.

Tous les gens de bien d'Alexandrie, qui ont été à même d'apprécier le dévouement du cher Frère visiteur, s'accordent à dire que l'Egypte entière ressent aujourd'hui l'heureuse influence de cette éducation morale, que beaucoup de jeunes gens ont déjà reçue dans l'établissement fondé par lui, où l'on peut admirer tant d'éléments divers, de nationalités et de religions différentes, vivant ensemble dans une harmonie parfaite. Du reste, il est notoire que la plupart des anciens élèves du Pensionnat d'Alexandrie, qu'il dirigeait, non-seulement occupent aujourd'hui les places les plus importantes dans la finance, le commerce et les diverses administrations; mais, ce qui est bien plus consolant encore, se conduisent d'une manière honorable, chrétienne et digne à tous égards.

Lorsque l'Egypte eut plusieurs maisons de notre institution, celui qui avait contribué d'une manière efficace en fut nommé visiteur; c'était le 1er septembre 1858. Disons, à cette occasion, que les suffrages des profès de la province l'envoyèrent aux chapitres généraux de 1874 et de 1875.

IV

Pour expliquer ces remarquables résultats, que l'on peut appeler merveilleux, il n'y a qu'un mot à dire : notre cher Frère ADRIEN DE JÉSUS était le type du vrai religieux, du bon directeur, du bon visiteur. Frères et élèves, tous le chérissaient comme un père. Charitable envers ses inférieurs, il les traitait en toute circonstance avec la plus tendre affection. Nous en trouvons une preuve bien évidente dans le dévoûment qu'il déploya à l'époque où une maladie épidémique désolait la ville d'Alexandrie.

Grâce à sa piété, à sa bonté paternelle, à sa sollicitude toujours sage et éclairée, la nombreuse communauté qu'il dirigea pendant trente ans, était un modèle d'ordre et de régularité ; chacun faisait son devoir bien plus par amour que par crainte.

A l'égard des élèves il se conduisait comme un bon pasteur au milieu de son troupeau. Passait-il à l'improviste dans leurs récréations, aussitôt les grands comme les petits suspendaient leurs jeux pour venir le saluer gracieusement.

Malgré ses nombreuses occupations, et même ses infirmités, il se réservait le soin de préparer les enfants à la première communion, et il s'en acquittait avec un zèle et une sollicitude qui faisaient l'admiration du clergé et des familles.

On peut dire, en effet, que toutes les vertus brillaient dans ce digne religieux, toutes celles du moins qui font le vrai Frère des Écoles Chrétiennes. Habituellement il ne voyait que Dieu en tout et partout, et n'agissait que pour lui. Mais nulle part sa foi vive ne se révélait mieux que dans le lieu saint, en présence du très-saint Sacrement, pendant l'office et les solennités de l'Église. La vue des enfants de nos classes, s'y tenant eux-mêmes décemment et pieusement, remplissait son âme de joie et de consolation. La sainte communion faisait ses délices les plus chères ; il n'en manquait aucune, soit de règle, soit de dévotion, et son grand bonheur, lorsque les circonstances le lui permettaient, était de demeurer des heures entières en adoration devant le tabernacle.

Il avait une tendre dévotion envers la très-sainte Vierge, et une confiance filiale en la protection de saint Joseph, et il cherchait avec ardeur à communiquer ces pieux sentiments à tous.

La pratique de la mortification était souvent l'objet de ses pressantes recommandations, et lui-même en donnait constamment l'exemple, observant dans toute leur rigueur, malgré son âge avancé, les jeûnes prescrits par l'Église.

Toujours le premier levé, malgré ses fréquentes insommies, toujours aussi le premier aux exercices spirituels, il était un modèle de fidélité, même aux plus petits points de règle. Tous les Frères qui l'ont connu particulièrement ont pu admirer sa résignation dans les épreuves, son humilité sincère, son profond respect à l'égard de ses supérieurs.

V

Pendant plus de trente-cinq ans, le cher Frère Adrien de Jésus avait eu à souffrir de palpitations de cœur et d'affections rhumatismales, et il les endurait avec une patience inaltérable.

Quelques mois avant de quitter ce lieu d'épreuve, il ressentit, en outre, une grande difficulté à respirer ; mais rien encore ne faisait supposer une fin prochaine. Il a pu même, peu de jours avant sa dernière et courte maladie, aller visiter, sans trop de fatigue, nos maisons du Caire et de Ramlé. Rien non plus, dans le cours de ces deux visites, n'avait fait pressentir que ce digne vieillard dût sitôt être enlevé à la vénération de ceux dont il était le père spirituel ; au contraire, on eût dit qu'il était mieux portant et plus gai que de coutume. Et pourtant, chose remarquable, à son départ de ces deux villes, un voile de tristesse assombrit tout à coup son visage : « Adieu, mes bien-aimés Frères, dit-il d'une voix émue ; je ne vous verrai plus en ce monde ; c'est ma dernière visite !... » Ce saint Religieux avait donc un pressentiment de sa mort. Il s'y disposa par un redoublement de ferveur et par des communions plus fréquentes.

Le dimanche et le lundi, 25 et 26 février, il vaquait encore, quoique avec peine, à ses exercices ordinaires, et à la préparation de son courrier pour la France ; mais, le soir de ce second jour, il se trouva très-fatigué et ne prit rien à la collation. Cela ne l'empêcha pas, le lendemain matin, de se trouver le premier à la chapelle et de présider les exercices de la journée.

Cependant la *cardite* qui devait le ravir à notre affection fit dès lors des progrès plus sensibles, malgré les soins intelligents du médecin de la maison, qui le visitait plusieurs fois par jour, malgré même les moyens extrêmes proposés dans une consultation médicale.

Le jeudi, premier jour du beau mois de mars, il se rendit encore à la chapelle, entendit la sainte messe et communia en l'honneur de saint Joseph, pour lequel il avait une si vive dévotion, ayant mis le Pensionnat sous sa spéciale protection. Après son action de grâces, il fut contraint de remonter dans sa cellule. Là, assis, et continuellement uni à Dieu par la prière, il ne cessa de donner des exemples de parfaite soumission à la divine volonté. Dans la nuit du vendredi au samedi, il demanda et reçut avec une touchante piété les derniers sacrements. Vers les six heures du matin, recueillant le peu de forces qui lui restaient, ce vénérable Frère demanda à diverses reprises pardon à toute la communauté des peines et des mauvais exemples qu'il croyait lui avoir donnés. A leur tour, émus jusqu'aux larmes et agenouillés auprès de lui, les Frères lui demandèrent aussi pardon, et le prièrent de se souvenir d'eux au ciel, et de ne point oublier notre cher Institut, les Supérieurs, et l'œuvre à laquelle il s'était dévoué, corps et âme, pendant ses trente dernières années. Il le leur promit sans hésiter ; après quoi, il passa la majeure partie de la journée dans une sorte d'assoupissement.

Le R. P. Aumônier récita plusieurs fois les prières des agonisants et les litanies de la très-sainte Vierge, en présence de la communauté réunie. Le pieux mourant priait lui-même avec ferveur, dans les intervalles que son assoupissement lui laissait libres, et il baisait affectueusement le crucifix qu'il tenait entre ses mains défaillantes. Il reçut ensuite, en pleine connaissance, l'application de l'indulgence *in articulo mortis.* Enfin, après une agonie de plusieurs heures, ce digne enfant du vénérable de la Salle rendit en paix sa belle âme à Dieu, le samedi 3 mars, vers les dix heures du soir, en présence de ses amis les plus sincères et les plus dévoués : les RR. PP. Elie, vicaire général, et Placide, secrétaire de Mgr l'Archevêque; du R. P. Aumônier de la maison, et de M. le curé, qui, tous quatre, ne l'avaient pas quitté depuis le matin.

VI

Pendant la journée du samedi, par l'ordre bienveillant de l'honorable délégué apostolique, le très-saint Sacrement était resté exposé dans la chapelle de notre établissement. Tous les élèves, tant du pensionnat que des écoles gratuites, ainsi que les Frères de la communauté, s'étaient fait un devoir d'aller, à tour de rôle, prier Celui qui est le maître de la vie et de la mort, de vouloir bien leur conserver un père si tendrement aimé. Mais Dieu l'appelait à lui sans plus tarder, sans doute pour donner l'éternel repos à ce bon et fidèle serviteur.

Le lendemain, dimanche, de fort grand matin, la nouvelle de cette mort se répandit dans toute la ville. Ce fut alors comme une désolation générale; on se portait en foule à l'établissement, pour contempler encore une fois celui qu'on avait tant aimé pendant sa vie. La mort semblait même avoir respecté ses traits, qui exprimaient le calme et la sérénité du juste.

Mgr Curcia, malgré une indisposition qui le retenait au Caire, se transporta tout exprès à Alexandrie, pour présider à l'office et faire l'absoute. De plus, un service solennel fut célébré par les RR. PP. de Terre Sainte. La population se leva en masse, sans distinction de religion ou de nationalité, pour honorer la dépouille mortelle de cet homme de bien. La magistrature, le barreau, le commerce, l'industrie, aussi bien que le clergé de tous les rits catholiques, et les divers ordres religieux, prirent part à la cérémonie funèbre. La foule émue écouta, avec le plus grand recueillement, le remarquable panégyrique que prononça, en langue italienne, le R. P. Célestin de Girolamo, de l'ordre des Mineurs, prédicateur du carême. L'assistance était tellement considérable qu'à peine la moitié des personnes présentes purent trouver place dans l'église.

A Alexandrie, il est d'usage que, après la cérémonie religieuse, le corps du défunt soit déposé sur le char funèbre, et qu'aussitôt chacun se retire, excepté un petit nombre de parents ou d'amis, qui l'accompagnent jusqu'au lieu du repos. Pour notre regretté Frère Adrien de Jésus, il en a été tout autrement : une multitude de jeunes gens, ses anciens élèves, dont un grand nombre sont déjà pères de famille, non-seulement entouraient avec respect et en pleurs le cercueil de celui que la mort venait de leur ravir, mais encore ils se sont fait un honneur de porter, tour à tour, ses restes mortels jusqu'au cimetière. De mémoire d'homme on n'avait vu une telle démonstration, toute spontanée, soit dans la ville d'Alexandrie, soit même dans toute l'Egypte. Ce fut à la fois le triomphe de la vertu et de l'humilité.

A la tête du convoi marchait, en bon ordre, un détachement de la police municipale; puis venaient, sur deux rangs : les orphelins et les orphelines des Filles de la Charité; MM. les Lazaristes avec leurs élèves ; les enfants de nos classes gratuites et du pensionnat, portant des couronnes d'immortelles. A leur suite s'avançaient les Religieux des différents ordres ; le clergé de la ville ; le corps du défunt, porté par les anciens élèves; et, derrière le cercueil, les Frères, puis M. le consul de France, avec tout son personnel, et enfin une foule d'autres notabilités et de personnes de toute condition, qui voulurent accompagner le convoi jusqu'au cimetière.

VII

Avant de confier à la tombe le corps de notre vénérable F. Adrien de Jésus, deux remarquables discours furent prononcés en présence de tous les assistants: le premier, en français, par le R. P. Placide, secrétaire de Monseigneur ; le second, en italien, par M. l'avocat Goffredo Ninci, ancien élève des Frères.

Nous ne pouvons reproduire de ce dernier que les extraits suivants, qui sont l'expression d'un cœur profondément reconnaissant: « Ma faible voix est impuissante à remplir la tâche qui m'est imposée ; jamais je n'aurais osé en assumer la responsabilité, si je n'avais, pour suppléer à mon insuffisance, la certitude que tous vous connaissez les rares qualités de l'esprit et du cœur qui caractérisaient le regretté frère Adrien de Jésus.

... Reportons-nous ensemble à ces temps heureux

de notre jeunesse, alors que nous ignorions les inquiétudes, les soucis et les déboires de la vie, et que, tranquilles et purs, nos jours s'écoulaient sans autres préoccupations que celles de l'étude. Le voyez-vous se dépenser autour de nous, ce maître modèle, ce conseiller bienveillant, ce père si bon, qui s'appelait F. ADRIEN DE JÉSUS?...

Oh! tu n'as pas eu affaire à des ingrats, Père si regretté; ton souvenir demeurera impérissable dans les cœurs de tous tes élèves. Repose maintenant en paix dans le Seigneur, homme juste et vertueux! Nous bénissons ton nom, nous bénissons ta mémoire, nous t'adressons nos tendres et derniers adieux! »

VIII

Voici maintenant le discours du R. P. Placide, secrétaire de Mgr l'Archevêque d'Alexandrie :

« Avant de laisser cette tombe se refermer sur la dépouille mortelle de l'homme de bien dont la perte soudaine a provoqué, dans la ville d'Alexandrie, une si douloureuse émotion, qu'il me soit permis d'adresser un dernier hommage à notre digne et regretté Frère Visiteur. Ce n'est pas un éloge que je veux prononcer; mais je viens, avec vous tous, pleurer sur ce cercueil; avec vous je viens verser une larme sur celui que la mort nous a ravi.

« Que de fois j'ai eu le bonheur de pouvoir étudier, dans les épanchements d'une causerie intime, le précieux trésor d'affection et de sentiments cachés dans cette belle âme! La douceur, l'aménité de son caractère, le charme, l'abandon aimable de sa conversation, son indulgente et facile bonté, joints à l'affectueuse simplicité de ses manières, enfin cette cordiale affabilité, dont l'éloge est dans toutes les bouches, unie à l'habituelle et gracieuse bienveillance de ses procédés : rien en lui qui ne dût promptement attirer la confiance, gagner les cœurs, et conquérir sans effort l'estime et l'affection de tous.

« Tel je l'ai connu pendant bon nombre d'années, tel vous l'avez connu, vous aussi. Du bon Frère Adrien nous pouvons dire avec saint Paul : *Omnibus omnia* ; il était tout à tous.

« Tout pour l'enfance, tout pour la jeunesse, tout pour nous, Ministres des autels, dont il était le collaborateur infatigable dans cette vigne du Seigneur, tout pour ses confrères en religion, les chers Frères des Écoles Chrétiennes.

« Aussi combien est légitime la douleur qui se peint sur tous les visages ! Car, le Frère Visiteur, nous ne le reverrons plus !

« Oui, chers enfants, chère jeunesse, pleurez ! Vous l'aimiez avec tant de tendresse, avec tant de reconnaissance ! Vous venez de le prouver... Pleurez, car qui pourrait vous le rendre ? Où retrouver encore cette affection paternelle pour l'enfance ?... Où retrouver ces soins désintéressés, ce besoin, je dirai, de donner au jeune âge le bonheur ?... Oui, pleurez, car vous ne le reverrez plus !

« Et vous, Messieurs, depuis longtemps vous connaissiez le Frère Visiteur. Déjà depuis longtemps vous aviez quitté son collége ; mais toujours vous retrouviez en lui le même dévoûment, le même intérêt, qu'il n'a jamais cessé de vous porter... Vous aussi, déposez sur cette tombe une larme, parce que, cet homme de bien, vous ne le reverrez plus !

« Et vous, mes Frères en Saint-François, vous, Ministres du Seigneur, qui vous consacrez à la conquête des âmes, pleurez avec moi, parce que dans le Frère ADRIEN, nous perdons un digne coopérateur! C'est lui qui nous soutenait dans notre mission la plus difficile, l'éducation des enfants; et, pourquoi ne pas le dire ? il en portait en quelque sorte tout le poids. Une larme pour cet apôtre infatigable, car nous ne le reverrons plus !

« Vous enfin, chers Frères des Écoles Chrétiennes, vous qui pleurez la mort d'un père... Oh ! je le comprends, votre douleur est grande, mais la perte que vous faites est bien plus grande encore ! Mieux que nous vous comprenez ce qu'était pour votre communauté le regretté Frère Visiteur; c'est bien pour vous qu'il était tout à tous: *Omnibus omnia.* Mieux que nous vous avez su apprécier tout ce qu'il y avait de force, de vertu et d'amour dans cet homme du devoir. Oh! chers Frères, pleurez, car, votre père, vous ne le reverrez plus !

« Mais, avant de confier à la tombe cette dépouille chérie, permettez, Messieurs, qu'au nom des chers Frères des Écoles Chretiennes, je vous exprime toute ma reconnaissance de ce que vous venez de faire pour celui que nous pleurons. Vous venez, en effet, de donner une preuve bien belle de votre attachement et de votre estime pour le digne Frère Visiteur. Pendant trente ans, il avait su se dévouer dans l'oubli, et vous tous, Messieurs, en cette triste circonstance, vous avez su faire triompher celui qui n'avait cherché qu'à se soustraire à tous les honneurs.

« Merci, Messieurs, merci !

« Et maintenant, cher Frère Visiteur, le meilleur de

mes amis, pourquoi la mort est-elle venue briser l liens si intimes qui unissaient nos cœurs? Il est do vrai que nous ne nous reverrons plus sur cette terr Ah! devant ce tombeau, notre amitié cesse, mais el ne finit pas; notre union de quelques années, je continuerai dans vos enfants en religion..... Oui, main sur votre cercueil, je vous le jure, je les aimer comme je vous ai aimé, je leur serai dévoué ma v entière!

« Adieu donc, cher Frère Visiteur! Reposez en pa dans l'attente du dernier jour; mais, du haut du cie où j'espère que vous régnez déjà, bénissez en c moment ceux que vous avez aimés, et qui vous pleu rent ici-bas. Adieu, cher Frère Visiteur, adieu! »

R. I. P.

PARIS. — IMP. VICTOR GOUPY, RUE DE RENNES, 71.

www.ingramcontent.com/pod-product-compliance
Ingram Content Group UK Ltd.
Pitfield, Milton Keynes, MK11 3LW, UK
UKHW020500220726
13923UKWH00006B/2661

9 782019 273859